全国人民代表大会常务委员会公报版

中华人民共和国著作权法

(最新修正本)

中国民主法制出版社

图书在版编目（CIP）数据

中华人民共和国著作权法：最新修正本/全国人大常委会办公厅供稿.—北京：中国民主法制出版社，2020.11

ISBN 978-7-5162-2321-5

Ⅰ.①中… Ⅱ.①全… Ⅲ.①著作权法—中国 Ⅳ.①D923.41

中国版本图书馆 CIP 数据核字（2020）第 224528 号

书名/中华人民共和国著作权法

出版·发行/中国民主法制出版社
地址/北京市丰台区右安门外玉林里 7 号（100069）
电话/（010）63055259（总编室） 63058068 63057714（营销中心）
传真/（010）63055259
http：//www.npcpub.com
E-mail：mzfz@npcpub.com
经销/新华书店
开本/32 开 850 毫米×1168 毫米
印张/2.125 **字数**/35 千字
版本/2020 年 11 月第 1 版 2020 年 11 月第 1 次印刷
印刷/北京天宇万达印刷有限公司

书号/ISBN 978-7-5162-2321-5
定价/8.00 元
出版声明/版权所有，侵权必究。

（如有缺页或倒装，本社负责退换）

目　录

中华人民共和国主席令（第六十二号）…………（1）

全国人民代表大会常务委员会关于修改
　《中华人民共和国著作权法》的决定…………（3）
中华人民共和国著作权法…………………………（18）
关于《中华人民共和国著作权法修正案
　（草案）》的说明………………………………（44）
全国人民代表大会宪法和法律委员会关于
　《中华人民共和国著作权法修正案（草案）》
　修改情况的汇报 ………………………………（49）
全国人民代表大会宪法和法律委员会关于
　《中华人民共和国著作权法修正案（草案）》
　审议结果的报告…………………………………（56）
全国人民代表大会宪法和法律委员会关于
　《全国人民代表大会常务委员会关于
　　修改〈中华人民共和国著作权法〉的决定
　（草案）》修改意见的报告……………………（61）

中华人民共和国主席令

第六十二号

《全国人民代表大会常务委员会关于修改〈中华人民共和国著作权法〉的决定》已由中华人民共和国第十三届全国人民代表大会常务委员会第二十三次会议于 2020 年 11 月 11 日通过,现予公布,自 2021 年 6 月 1 日起施行。

中华人民共和国主席　习近平
2020 年 11 月 11 日

全国人民代表大会常务委员会关于修改《中华人民共和国著作权法》的决定

(2020年11月11日第十三届全国人民代表大会常务委员会第二十三次会议通过)

第十三届全国人民代表大会常务委员会第二十三次会议决定对《中华人民共和国著作权法》作如下修改：

一、将第二条、第九条、第十一条、第十六条、第十九条、第二十二条中的"其他组织"修改为"非法人组织"。

将第九条、第十一条、第十六条、第十九条、第二十一条中的"公民"修改为"自然人"。

二、将第三条中的"包括以下列形式创作的文学、艺术和自然科学、社会科学、工程技术等作品"修改为"是指文学、艺术和科学领域内具有独创性并能以一定形式表现的智力成果,包括"。

将第六项修改为:"(六)视听作品"。

将第九项修改为:"(九)符合作品特征的其他智力成果"。

三、将第四条修改为:"著作权人和与著作权有关的权利人行使权利,不得违反宪法和法律,不得损害公共利益。国家对作品的出版、传播依法进行监督管理。"

四、将第五条第二项修改为:"(二)单纯事实消息"。

五、将第七条、第二十八条中的"国务院著作权行政管理部门"修改为"国家著作权主管部门"。

将第七条中的"主管"修改为"负责","各省、自治区、直辖市人民政府的著作权行政管理部门"修改为"县级以上地方主管著作权的部门"。

六、将第八条第一款中的"著作权集体管理组织被授权后,可以以自己的名义为著作权人和与著作权有关的权利人主张权利"修改为"依法设立的著作权集体管理组织是非营利法人,被授权后可以以自己的名义为著作权人和与著作权有关的权利人主张权利";将"诉讼、仲裁活动"修改为"诉讼、仲裁、调解活动"。

增加两款,作为第二款、第三款:"著作权集体管理组织根据授权向使用者收取使用费。使用费的收取标准由著作权集体管理组织和使用者代表协商确定,协商不成的,可以向国家著作权主管部门申请裁决,对裁决不服的,可以向人民法院提起诉讼;当事人也可以直接向人民法院提起诉讼。

"著作权集体管理组织应当将使用费的收取和转付、管理费的提取和使用、使用费的未分配部分等总体情况定期向社会公布,并应当建立权利信息查询系统,供权利人和使用者查询。国家著作权主管部门应当依法对著作权集体管理组织进行监督、管理。"

将第二款改为第四款,修改为:"著作权集体管理组织的设立方式、权利义务、使用费的收取和分配,以及对其监督和管理等由国务院另行规定。"

七、在第十条第一款第五项中的"翻拍"后增加"数字化"。

将第一款第七项修改为:"(七)出租权,即有偿许可他人临时使用视听作品、计算机软件的原件或者复制件的权利,计算机软件不是出租的主要标的的除外"。

将第一款第十一项、第十二项修改为:"(十一)广播权,即以有线或者无线方式公开传播或者转播作品,以及通过扩音器或者其他传送符号、声音、图像的类似工具向公众传播广播的作品的权利,但不包括本款第十二项规定的权利;

"(十二)信息网络传播权,即以有线或者无线方式向公众提供,使公众可以在其选定的时间和地点获得作品的权利"。

将第十条第一款第十项中的"电影和以类似摄制电影的方法创作的作品"、第十三项中的"电影或者以类似摄制电影",第四十七条第六项中的"电影和以类似摄制电影",第五十三条中的"电影作品或者以类似摄制电影的方法创作的作品"修改为"视听作品"。

八、将第十一条第四款改为第十二条第一款,修改为:"在作品上署名的自然人、法人或者非法人组织为作者,且该作品上存在相应权利,但有相反证明的除外。"

增加两款,作为第二款、第三款:"作者等著作权人可以向国家著作权主管部门认定的登记机构办理作品登记。

"与著作权有关的权利参照适用前两款规定。"

九、将第十三条改为第十四条,增加一款,作为第二款:"合作作品的著作权由合作作者通过协商一致行使;不能协商一致,又无正当理由的,任何一方不得阻止他方行使除转让、许可他人专有使用、出质以外的其他权利,但是所得收益应当合理分配给所有合作作者。"

十、增加一条,作为第十六条:"使用改编、翻译、注释、整理、汇编已有作品而产生的作品进行出版、演出和制作录音录像制品,应当取得该作品的著作权人和原作品的著作权人许可,并支付报酬。"

十一、将第十五条改为第十七条,修改为:"视听作品中的电影作品、电视剧作品的著作权由制作者享有,但编剧、导演、摄影、作词、作曲等作者享有署名权,并有权按照与制作者签订的合同获得报酬。

"前款规定以外的视听作品的著作权归属由当事人约定;没有约定或者约定不明确的,由制作者享有,但作者享有署名权和获得报酬的权利。

"视听作品中的剧本、音乐等可以单独使用的作品的作者有权单独行使其著作权。"

十二、将第十六条改为第十八条,在第二款第一项中的"地图"后增加"示意图"。

第二款增加一项,作为第二项:"(二)报社、期刊社、通讯社、广播电台、电视台的工作人员创作的职务作品"。

十三、将第十八条改为第二十条,修改为:"作品原件所有权的转移,不改变作品著作权的归属,但美术、摄影作品原件的展览权由原件所有人享有。

"作者将未发表的美术、摄影作品的原件所有权转让给他人,受让人展览该原件不构成对作者发表权的侵犯。"

十四、将第十九条改为第二十一条,将第一款中的"依照继承法的规定转移"修改为"依法转移"。

十五、将第二十一条改为第二十三条,将第二款、第三款修改为:"法人或者非法人组织的作品、著作权（署名权除外）由法人或者非法人组织享有的职务作品,其发表权的保护期为五十年,截止于作品创作完成后第五十年的12月31日;本法第十条第一款第五项至第十七项规定的权利的保护期为五十年,截止于作品首次发表后第五十年的12月31日,但作品自创作完成后五十年内未发表的,本法不再保护。

"视听作品,其发表权的保护期为五十年,截止于作品创作完成后第五十年的12月31日;本法第十条第一款第五项至第十七项规定的权利的保护期为五十年,截止于作品首次发表后第五十年的12月31日,但作品自创作完成后五十年内未发表的,本法不再保护。"

十六、将第二十二条改为第二十四条,在第一款中的"姓名"后增加"或者名称";将"并且不得侵犯著作权人依照本法享有的其他权利"修改为"并且不得影响该作品的正常使用,也不得不合理地损害著作权人的合法权益"。

删去第一款第三项中的"时事"。

将第一款第四项中的"作者"修改为"著作权人"。

在第一款第六项中的"翻译"后增加"改编、汇编、播放"。

在第一款第八项中的"美术馆"后增加"文化馆"。

在第一款第九项中的"也未向表演者支付报酬"后增加"且不以营利为目的"。

删去第一款第十项中的"室外"。

将第一款第十一项中的"汉语言文字"修改为"国家通用语言文字"。

将第一款第十二项修改为："（十二）以阅读障碍者能够感知的无障碍方式向其提供已经发表的作品"。

第一款增加一项，作为第十三项："（十三）法律、行政法规规定的其他情形"。

将第二款修改为："前款规定适用于对与著作权有关的权利的限制。"

十七、将第二十三条改为第二十五条，修改为："为实施义务教育和国家教育规划而编写出版教科书，可以不经著作权人许可，在教科书中汇编已经发表的作品片段或者短小的文字作品、音乐作品或者单幅的美术作品、摄影作品、图形作品，但应当按照规定向著作权人支付报酬，指明作者姓名或者名称、作品名称，并且不得侵犯著作权人依照本法享有的其他权利。

"前款规定适用于对与著作权有关的权利的限制。"

十八、将第二十六条改为第二十八条，修改为："以著作权中的财产权出质的，由出质人和质权人依法办理出质登记。"

十九、将第四章章名修改为"与著作权有关的权利"。

二十、将第三十七条改为第三十八条，删去第一款中的"（演员、演出单位）"和第二款。

二十一、将第三十八条改为第三十九条,在第一款第五项中的"发行"后增加"出租"。

二十二、增加一条,作为第四十条:"演员为完成本演出单位的演出任务进行的表演为职务表演,演员享有表明身份和保护表演形象不受歪曲的权利,其他权利归属由当事人约定。当事人没有约定或者约定不明确的,职务表演的权利由演出单位享有。

"职务表演的权利由演员享有的,演出单位可以在其业务范围内免费使用该表演。"

二十三、将第四十二条改为第四十四条,将第二款修改为:"被许可人复制、发行、通过信息网络向公众传播录音录像制品,应当同时取得著作权人、表演者许可,并支付报酬;被许可人出租录音录像制品,还应当取得表演者许可,并支付报酬。"

二十四、增加一条,作为第四十五条:"将录音制品用于有线或者无线公开传播,或者通过传送声音的技术设备向公众公开播送的,应当向录音制作者支付报酬。"

二十五、将第四十三条改为第四十六条,将第二款中的"但应当支付报酬"修改为"但应当按照规定支付报酬"。

二十六、将第四十五条改为第四十七条,修改为:"广播电台、电视台有权禁止未经其许可的下列行为:

"(一)将其播放的广播、电视以有线或者无线方式转播；

"（二）将其播放的广播、电视录制以及复制；

"（三）将其播放的广播、电视通过信息网络向公众传播。

"广播电台、电视台行使前款规定的权利，不得影响、限制或者侵害他人行使著作权或者与著作权有关的权利。

"本条第一款规定的权利的保护期为五十年，截止于该广播、电视首次播放后第五十年的12月31日。"

二十七、将第四十六条改为第四十八条，修改为："电视台播放他人的视听作品、录像制品，应当取得视听作品著作权人或者录像制作者许可，并支付报酬；播放他人的录像制品，还应当取得著作权人许可，并支付报酬。"

二十八、将第五章章名修改为"著作权和与著作权有关的权利的保护"。

二十九、增加一条，作为第四十九条："为保护著作权和与著作权有关的权利，权利人可以采取技术措施。

"未经权利人许可，任何组织或者个人不得故意避开或者破坏技术措施，不得以避开或者破坏技术措施为目的制造、进口或者向公众提供有关装置或者部件，不得故意为他人避开或者破坏技术措施提供技术服务。但是，法律、行政法规规定可以避开的情形除外。

"本法所称的技术措施,是指用于防止、限制未经权利人许可浏览、欣赏作品、表演、录音录像制品或者通过信息网络向公众提供作品、表演、录音录像制品的有效技术、装置或者部件。"

三十、增加一条,作为第五十条:"下列情形可以避开技术措施,但不得向他人提供避开技术措施的技术、装置或者部件,不得侵犯权利人依法享有的其他权利:

"(一)为学校课堂教学或者科学研究,提供少量已经发表的作品,供教学或者科研人员使用,而该作品无法通过正常途径获取;

"(二)不以营利为目的,以阅读障碍者能够感知的无障碍方式向其提供已经发表的作品,而该作品无法通过正常途径获取;

"(三)国家机关依照行政、监察、司法程序执行公务;

"(四)对计算机及其系统或者网络的安全性能进行测试;

"(五)进行加密研究或者计算机软件反向工程研究。

"前款规定适用于对与著作权有关的权利的限制。"

三十一、增加一条,作为第五十一条:"未经权利人许可,不得进行下列行为:

"(一)故意删除或者改变作品、版式设计、表演、

录音录像制品或者广播、电视上的权利管理信息,但由于技术上的原因无法避免的除外;

"(二)知道或者应当知道作品、版式设计、表演、录音录像制品或者广播、电视上的权利管理信息未经许可被删除或者改变,仍然向公众提供。"

三十二、将第四十七条改为第五十二条,将第八项修改为:"(八)未经视听作品、计算机软件、录音录像制品的著作权人、表演者或者录音录像制作者许可,出租其作品或者录音录像制品的原件或者复制件的,本法另有规定的除外"。

将第十一项中的"权益"修改为"权利"。

三十三、将第四十八条改为第五十三条,修改为:"有下列侵权行为的,应当根据情况,承担本法第五十二条规定的民事责任;侵权行为同时损害公共利益的,由主管著作权的部门责令停止侵权行为,予以警告,没收违法所得,没收、无害化销毁处理侵权复制品以及主要用于制作侵权复制品的材料、工具、设备等,违法经营额五万元以上的,可以并处违法经营额一倍以上五倍以下的罚款;没有违法经营额、违法经营额难以计算或者不足五万元的,可以并处二十五万元以下的罚款;构成犯罪的,依法追究刑事责任:

"(一)未经著作权人许可,复制、发行、表演、放映、广播、汇编、通过信息网络向公众传播其作品的,本法另有规定的除外;

"（二）出版他人享有专有出版权的图书的；

"（三）未经表演者许可，复制、发行录有其表演的录音录像制品，或者通过信息网络向公众传播其表演的，本法另有规定的除外；

"（四）未经录音录像制作者许可，复制、发行、通过信息网络向公众传播其制作的录音录像制品的，本法另有规定的除外；

"（五）未经许可，播放、复制或者通过信息网络向公众传播广播、电视的，本法另有规定的除外；

"（六）未经著作权人或者与著作权有关的权利人许可，故意避开或者破坏技术措施的，故意制造、进口或者向他人提供主要用于避开、破坏技术措施的装置或者部件的，或者故意为他人避开或者破坏技术措施提供技术服务的，法律、行政法规另有规定的除外；

"（七）未经著作权人或者与著作权有关的权利人许可，故意删除或者改变作品、版式设计、表演、录音录像制品或者广播、电视上的权利管理信息的，知道或者应当知道作品、版式设计、表演、录音录像制品或者广播、电视上的权利管理信息未经许可被删除或者改变，仍然向公众提供的，法律、行政法规另有规定的除外；

"（八）制作、出售假冒他人署名的作品的。"

三十四、将第四十九条改为第五十四条，修改为："侵犯著作权或者与著作权有关的权利的，侵权人应当按照权利人因此受到的实际损失或者侵权人的违法所得给予赔偿；权利人的实际损失或者侵权人的违法所得难以计算的，可以参照该权利使用费给予赔偿。对故意侵犯著作权或者与著作权有关的权利，情节严重的，可以在按照上述方法确定数额的一倍以上五倍以下给予赔偿。

"权利人的实际损失、侵权人的违法所得、权利使用费难以计算的，由人民法院根据侵权行为的情节，判决给予五百元以上五百万元以下的赔偿。

"赔偿数额还应当包括权利人为制止侵权行为所支付的合理开支。

"人民法院为确定赔偿数额，在权利人已经尽了必要举证责任，而与侵权行为相关的账簿、资料等主要由侵权人掌握的，可以责令侵权人提供与侵权行为相关的账簿、资料等；侵权人不提供，或者提供虚假的账簿、资料等的，人民法院可以参考权利人的主张和提供的证据确定赔偿数额。

"人民法院审理著作权纠纷案件，应权利人请求，对侵权复制品，除特殊情况外，责令销毁；对主要用于制造侵权复制品的材料、工具、设备等，责令销毁，且不予补偿；或者在特殊情况下，责令禁止前述材料、工具、设备等进入商业渠道，且不予补偿。"

三十五、增加一条，作为第五十五条："主管著作权的部门对涉嫌侵犯著作权和与著作权有关的权利的行为进行查处时，可以询问有关当事人，调查与涉嫌违法行为有关的情况；对当事人涉嫌违法行为的场所和物品实施现场检查；查阅、复制与涉嫌违法行为有关的合同、发票、账簿以及其他有关资料；对于涉嫌违法行为的场所和物品，可以查封或者扣押。

"主管著作权的部门依法行使前款规定的职权时，当事人应当予以协助、配合，不得拒绝、阻挠。"

三十六、将第五十条改为第五十六条，修改为："著作权人或者与著作权有关的权利人有证据证明他人正在实施或者即将实施侵犯其权利、妨碍其实现权利的行为，如不及时制止将会使其合法权益受到难以弥补的损害的，可以在起诉前依法向人民法院申请采取财产保全、责令作出一定行为或者禁止作出一定行为等措施。"

三十七、将第五十一条改为第五十七条，修改为："为制止侵权行为，在证据可能灭失或者以后难以取得的情况下，著作权人或者与著作权有关的权利人可以在起诉前依法向人民法院申请保全证据。"

三十八、将第五十三条改为第五十九条，增加一款，作为第二款："在诉讼程序中，被诉侵权人主张其不承担侵权责任的，应当提供证据证明已经取得权利人的许可，或者具有本法规定的不经权利人许可而可以使用的情形。"

三十九、增加一条，作为第六十一条："当事人因不履行合同义务或者履行合同义务不符合约定而承担民事责任，以及当事人行使诉讼权利、申请保全等，适用有关法律的规定。"

四十、增加一条，作为第六十五条："摄影作品，其发表权、本法第十条第一款第五项至第十七项规定的权利的保护期在2021年6月1日前已经届满，但依据本法第二十三条第一款的规定仍在保护期内的，不再保护。"

四十一、将第六十条改为第六十六条，删去第二款中的"和政策"。

四十二、删去第三十五条、第四十条第二款、第四十四条、第五十四条、第五十六条。

本决定自2021年6月1日起施行。

《中华人民共和国著作权法》根据本决定作相应修改并对条文顺序作相应调整，重新公布。

中华人民共和国著作权法

（1990年9月7日第七届全国人民代表大会常务委员会第十五次会议通过　根据2001年10月27日第九届全国人民代表大会常务委员会第二十四次会议《关于修改〈中华人民共和国著作权法〉的决定》第一次修正　根据2010年2月26日第十一届全国人民代表大会常务委员会第十三次会议《关于修改〈中华人民共和国著作权法〉的决定》第二次修正　根据2020年11月11日第十三届全国人民代表大会常务委员会第二十三次会议《关于修改〈中华人民共和国著作权法〉的决定》第三次修正）

目 录

第一章 总 则
第二章 著作权
  第一节 著作权人及其权利
  第二节 著作权归属
  第三节 权利的保护期
  第四节 权利的限制
第三章 著作权许可使用和转让合同
第四章 与著作权有关的权利
  第一节 图书、报刊的出版
  第二节 表 演
  第三节 录音录像
  第四节 广播电台、电视台播放
第五章 著作权和与著作权有关的权利的保护
第六章 附 则

第一章 总 则

第一条 为保护文学、艺术和科学作品作者的著作权,以及与著作权有关的权益,鼓励有益于社会主义精神文明、物质文明建设的作品的创作和传播,促进社会主义文化和科学事业的发展与繁荣,根据宪法制定本法。

第二条 中国公民、法人或者非法人组织的作品，不论是否发表，依照本法享有著作权。

外国人、无国籍人的作品根据其作者所属国或者经常居住地国同中国签订的协议或者共同参加的国际条约享有的著作权，受本法保护。

外国人、无国籍人的作品首先在中国境内出版的，依照本法享有著作权。

未与中国签订协议或者共同参加国际条约的国家的作者以及无国籍人的作品首次在中国参加的国际条约的成员国出版的，或者在成员国和非成员国同时出版的，受本法保护。

第三条 本法所称的作品，是指文学、艺术和科学领域内具有独创性并能以一定形式表现的智力成果，包括：

（一）文字作品；

（二）口述作品；

（三）音乐、戏剧、曲艺、舞蹈、杂技艺术作品；

（四）美术、建筑作品；

（五）摄影作品；

（六）视听作品；

（七）工程设计图、产品设计图、地图、示意图等图形作品和模型作品；

（八）计算机软件；

（九）符合作品特征的其他智力成果。

第四条 著作权人和与著作权有关的权利人行使权利，不得违反宪法和法律，不得损害公共利益。国家对作品的出版、传播依法进行监督管理。

第五条 本法不适用于：

（一）法律、法规，国家机关的决议、决定、命令和其他具有立法、行政、司法性质的文件，及其官方正式译文；

（二）单纯事实消息；

（三）历法、通用数表、通用表格和公式。

第六条 民间文学艺术作品的著作权保护办法由国务院另行规定。

第七条 国家著作权主管部门负责全国的著作权管理工作；县级以上地方主管著作权的部门负责本行政区域的著作权管理工作。

第八条 著作权人和与著作权有关的权利人可以授权著作权集体管理组织行使著作权或者与著作权有关的权利。依法设立的著作权集体管理组织是非营利法人，被授权后可以以自己的名义为著作权人和与著作权有关的权利人主张权利，并可以作为当事人进行涉及著作权或者与著作权有关的权利的诉讼、仲裁、调解活动。

著作权集体管理组织根据授权向使用者收取使用费。使用费的收取标准由著作权集体管理组织和使用者代表协商确定，协商不成的，可以向国家著作权主管部门申请裁决，对裁决不服的，可以向人民法院提起诉讼；当事人也可以直接向人民法院提起诉讼。

著作权集体管理组织应当将使用费的收取和转付、管理费的提取和使用、使用费的未分配部分等总体情况定期向社会公布，并应当建立权利信息查询系统，供权利人和使用者查询。国家著作权主管部门应当依法对著作权集体管理组织进行监督、管理。

著作权集体管理组织的设立方式、权利义务、使用费的收取和分配，以及对其监督和管理等由国务院另行规定。

第二章　著作权

第一节　著作权人及其权利

第九条　著作权人包括：

（一）作者；

（二）其他依照本法享有著作权的自然人、法人或者非法人组织。

第十条　著作权包括下列人身权和财产权：

（一）发表权，即决定作品是否公之于众的权利；

（二）署名权，即表明作者身份，在作品上署名的权利；

（三）修改权，即修改或者授权他人修改作品的权利；

（四）保护作品完整权，即保护作品不受歪曲、篡改的权利；

（五）复制权，即以印刷、复印、拓印、录音、录像、翻录、翻拍、数字化等方式将作品制作一份或者多份的权利；

（六）发行权，即以出售或者赠与方式向公众提供作品的原件或者复制件的权利；

（七）出租权，即有偿许可他人临时使用视听作品、计算机软件的原件或者复制件的权利，计算机软件不是出租的主要标的的除外；

（八）展览权，即公开陈列美术作品、摄影作品的原件或者复制件的权利；

（九）表演权，即公开表演作品，以及用各种手段公开播送作品的表演的权利；

（十）放映权，即通过放映机、幻灯机等技术设备公开再现美术、摄影、视听作品等的权利；

（十一）广播权，即以有线或者无线方式公开传播或者转播作品，以及通过扩音器或者其他传送符号、声音、图像的类似工具向公众传播广播的作品的权利，但不包括本款第十二项规定的权利；

（十二）信息网络传播权，即以有线或者无线方式向公众提供，使公众可以在其选定的时间和地点获得作品的权利；

（十三）摄制权，即以摄制视听作品的方法将作品固定在载体上的权利；

（十四）改编权，即改变作品，创作出具有独创性的新作品的权利；

（十五）翻译权，即将作品从一种语言文字转换成另一种语言文字的权利；

（十六）汇编权，即将作品或者作品的片段通过选择或者编排，汇集成新作品的权利；

（十七）应当由著作权人享有的其他权利。

著作权人可以许可他人行使前款第五项至第十七项规定的权利，并依照约定或者本法有关规定获得报酬。

著作权人可以全部或者部分转让本条第一款第五项至第十七项规定的权利，并依照约定或者本法有关规定获得报酬。

第二节 著作权归属

第十一条 著作权属于作者，本法另有规定的除外。

创作作品的自然人是作者。

由法人或者非法人组织主持，代表法人或者非法人组织意志创作，并由法人或者非法人组织承担责任的作品，法人或者非法人组织视为作者。

第十二条 在作品上署名的自然人、法人或者非法人组织为作者，且该作品上存在相应权利，但有相反证明的除外。

作者等著作权人可以向国家著作权主管部门认定的

登记机构办理作品登记。

与著作权有关的权利参照适用前两款规定。

第十三条 改编、翻译、注释、整理已有作品而产生的作品，其著作权由改编、翻译、注释、整理人享有，但行使著作权时不得侵犯原作品的著作权。

第十四条 两人以上合作创作的作品，著作权由合作作者共同享有。没有参加创作的人，不能成为合作作者。

合作作品的著作权由合作作者通过协商一致行使；不能协商一致，又无正当理由的，任何一方不得阻止他方行使除转让、许可他人专有使用、出质以外的其他权利，但是所得收益应当合理分配给所有合作作者。

合作作品可以分割使用的，作者对各自创作的部分可以单独享有著作权，但行使著作权时不得侵犯合作作品整体的著作权。

第十五条 汇编若干作品、作品的片段或者不构成作品的数据或者其他材料，对其内容的选择或者编排体现独创性的作品，为汇编作品，其著作权由汇编人享有，但行使著作权时，不得侵犯原作品的著作权。

第十六条 使用改编、翻译、注释、整理、汇编已有作品而产生的作品进行出版、演出和制作录音录像制品，应当取得该作品的著作权人和原作品的著作权人许可，并支付报酬。

第十七条 视听作品中的电影作品、电视剧作品的著作权由制作者享有,但编剧、导演、摄影、作词、作曲等作者享有署名权,并有权按照与制作者签订的合同获得报酬。

前款规定以外的视听作品的著作权归属由当事人约定;没有约定或者约定不明确的,由制作者享有,但作者享有署名权和获得报酬的权利。

视听作品中的剧本、音乐等可以单独使用的作品的作者有权单独行使其著作权。

第十八条 自然人为完成法人或者非法人组织工作任务所创作的作品是职务作品,除本条第二款的规定以外,著作权由作者享有,但法人或者非法人组织有权在其业务范围内优先使用。作品完成两年内,未经单位同意,作者不得许可第三人以与单位使用的相同方式使用该作品。

有下列情形之一的职务作品,作者享有署名权,著作权的其他权利由法人或者非法人组织享有,法人或者非法人组织可以给予作者奖励:

(一)主要是利用法人或者非法人组织的物质技术条件创作,并由法人或者非法人组织承担责任的工程设计图、产品设计图、地图、示意图、计算机软件等职务作品;

(二)报社、期刊社、通讯社、广播电台、电视台的工作人员创作的职务作品;

(三)法律、行政法规规定或者合同约定著作权由法人或者非法人组织享有的职务作品。

第十九条 受委托创作的作品,著作权的归属由委托人和受托人通过合同约定。合同未作明确约定或者没有订立合同的,著作权属于受托人。

第二十条 作品原件所有权的转移,不改变作品著作权的归属,但美术、摄影作品原件的展览权由原件所有人享有。

作者将未发表的美术、摄影作品的原件所有权转让给他人,受让人展览该原件不构成对作者发表权的侵犯。

第二十一条 著作权属于自然人的,自然人死亡后,其本法第十条第一款第五项至第十七项规定的权利在本法规定的保护期内,依法转移。

著作权属于法人或者非法人组织的,法人或者非法人组织变更、终止后,其本法第十条第一款第五项至第十七项规定的权利在本法规定的保护期内,由承受其权利义务的法人或者非法人组织享有;没有承受其权利义务的法人或者非法人组织的,由国家享有。

第三节 权利的保护期

第二十二条 作者的署名权、修改权、保护作品完整权的保护期不受限制。

第二十三条 自然人的作品,其发表权、本法第十条第一款第五项至第十七项规定的权利的保护期为作者终生及其死亡后五十年，截止于作者死亡后第五十年的12月31日；如果是合作作品，截止于最后死亡的作者死亡后第五十年的12月31日。

法人或者非法人组织的作品、著作权（署名权除外）由法人或者非法人组织享有的职务作品，其发表权的保护期为五十年，截止于作品创作完成后第五十年的12月31日；本法第十条第一款第五项至第十七项规定的权利的保护期为五十年，截止于作品首次发表后第五十年的12月31日，但作品自创作完成后五十年内未发表的，本法不再保护。

视听作品，其发表权的保护期为五十年，截止于作品创作完成后第五十年的12月31日；本法第十条第一款第五项至第十七项规定的权利的保护期为五十年，截止于作品首次发表后第五十年的12月31日，但作品自创作完成后五十年内未发表的，本法不再保护。

第四节 权利的限制

第二十四条 在下列情况下使用作品，可以不经著作权人许可，不向其支付报酬，但应当指明作者姓名或者名称、作品名称，并且不得影响该作品的正常使用，也不得不合理地损害著作权人的合法权益：

（一）为个人学习、研究或者欣赏，使用他人已经发表的作品；

（二）为介绍、评论某一作品或者说明某一问题，在作品中适当引用他人已经发表的作品；

（三）为报道新闻，在报纸、期刊、广播电台、电视台等媒体中不可避免地再现或者引用已经发表的作品；

（四）报纸、期刊、广播电台、电视台等媒体刊登或者播放其他报纸、期刊、广播电台、电视台等媒体已经发表的关于政治、经济、宗教问题的时事性文章，但著作权人声明不许刊登、播放的除外；

（五）报纸、期刊、广播电台、电视台等媒体刊登或者播放在公众集会上发表的讲话，但作者声明不许刊登、播放的除外；

（六）为学校课堂教学或者科学研究，翻译、改编、汇编、播放或者少量复制已经发表的作品，供教学或者科研人员使用，但不得出版发行；

（七）国家机关为执行公务在合理范围内使用已经发表的作品；

（八）图书馆、档案馆、纪念馆、博物馆、美术馆、文化馆等为陈列或者保存版本的需要，复制本馆收藏的作品；

（九）免费表演已经发表的作品，该表演未向公众收取费用，也未向表演者支付报酬，且不以营利为目的；

（十）对设置或者陈列在公共场所的艺术作品进行临摹、绘画、摄影、录像；

（十一）将中国公民、法人或者非法人组织已经发表的以国家通用语言文字创作的作品翻译成少数民族语言文字作品在国内出版发行；

（十二）以阅读障碍者能够感知的无障碍方式向其提供已经发表的作品；

（十三）法律、行政法规规定的其他情形。

前款规定适用于对与著作权有关的权利的限制。

第二十五条　为实施义务教育和国家教育规划而编写出版教科书，可以不经著作权人许可，在教科书中汇编已经发表的作品片段或者短小的文字作品、音乐作品或者单幅的美术作品、摄影作品、图形作品，但应当按照规定向著作权人支付报酬，指明作者姓名或者名称、作品名称，并且不得侵犯著作权人依照本法享有的其他权利。

前款规定适用于对与著作权有关的权利的限制。

第三章　著作权许可使用和转让合同

第二十六条　使用他人作品应当同著作权人订立许可使用合同，本法规定可以不经许可的除外。

许可使用合同包括下列主要内容：

（一）许可使用的权利种类；

（二）许可使用的权利是专有使用权或者非专有使用权；

（三）许可使用的地域范围、期间；

（四）付酬标准和办法；

（五）违约责任；

（六）双方认为需要约定的其他内容。

第二十七条 转让本法第十条第一款第五项至第十七项规定的权利，应当订立书面合同。

权利转让合同包括下列主要内容：

（一）作品的名称；

（二）转让的权利种类、地域范围；

（三）转让价金；

（四）交付转让价金的日期和方式；

（五）违约责任；

（六）双方认为需要约定的其他内容。

第二十八条 以著作权中的财产权出质的，由出质人和质权人依法办理出质登记。

第二十九条 许可使用合同和转让合同中著作权人未明确许可、转让的权利，未经著作权人同意，另一方当事人不得行使。

第三十条 使用作品的付酬标准可以由当事人约定，也可以按照国家著作权主管部门会同有关部门制定的付酬标准支付报酬。当事人约定不明确的，按照国家著作权主管部门会同有关部门制定的付酬标准支付报酬。

第三十一条 出版者、表演者、录音录像制作者、广播电台、电视台等依照本法有关规定使用他人作品的，不得侵犯作者的署名权、修改权、保护作品完整权和获得报酬的权利。

第四章　与著作权有关的权利

第一节　图书、报刊的出版

第三十二条　图书出版者出版图书应当和著作权人订立出版合同，并支付报酬。

第三十三条　图书出版者对著作权人交付出版的作品，按照合同约定享有的专有出版权受法律保护，他人不得出版该作品。

第三十四条　著作权人应当按照合同约定期限交付作品。图书出版者应当按照合同约定的出版质量、期限出版图书。

图书出版者不按照合同约定期限出版，应当依照本法第六十一条的规定承担民事责任。

图书出版者重印、再版作品的，应当通知著作权人，并支付报酬。图书脱销后，图书出版者拒绝重印、再版的，著作权人有权终止合同。

第三十五条　著作权人向报社、期刊社投稿的，自稿件发出之日起十五日内未收到报社通知决定刊登的，或者自稿件发出之日起三十日内未收到期刊社通知决定刊登的，可以将同一作品向其他报社、期刊社投稿。双方另有约定的除外。

作品刊登后,除著作权人声明不得转载、摘编的外,其他报刊可以转载或者作为文摘、资料刊登,但应当按照规定向著作权人支付报酬。

第三十六条 图书出版者经作者许可,可以对作品修改、删节。

报社、期刊社可以对作品作文字性修改、删节。对内容的修改,应当经作者许可。

第三十七条 出版者有权许可或者禁止他人使用其出版的图书、期刊的版式设计。

前款规定的权利的保护期为十年,截止于使用该版式设计的图书、期刊首次出版后第十年的12月31日。

第二节 表　演

第三十八条 使用他人作品演出,表演者应当取得著作权人许可,并支付报酬。演出组织者组织演出,由该组织者取得著作权人许可,并支付报酬。

第三十九条 表演者对其表演享有下列权利:

(一)表明表演者身份;

(二)保护表演形象不受歪曲;

(三)许可他人从现场直播和公开传送其现场表演,并获得报酬;

(四)许可他人录音录像,并获得报酬;

(五)许可他人复制、发行、出租录有其表演的录音录像制品,并获得报酬;

（六）许可他人通过信息网络向公众传播其表演，并获得报酬。

被许可人以前款第三项至第六项规定的方式使用作品，还应当取得著作权人许可，并支付报酬。

第四十条 演员为完成本演出单位的演出任务进行的表演为职务表演，演员享有表明身份和保护表演形象不受歪曲的权利，其他权利归属由当事人约定。当事人没有约定或者约定不明确的，职务表演的权利由演出单位享有。

职务表演的权利由演员享有的，演出单位可以在其业务范围内免费使用该表演。

第四十一条 本法第三十九条第一款第一项、第二项规定的权利的保护期不受限制。

本法第三十九条第一款第三项至第六项规定的权利的保护期为五十年，截止于该表演发生后第五十年的12月31日。

第三节　录音录像

第四十二条 录音录像制作者使用他人作品制作录音录像制品，应当取得著作权人许可，并支付报酬。

录音制作者使用他人已经合法录制为录音制品的音乐作品制作录音制品，可以不经著作权人许可，但应当按照规定支付报酬；著作权人声明不许使用的不得使用。

第四十三条　录音录像制作者制作录音录像制品，应当同表演者订立合同，并支付报酬。

第四十四条　录音录像制作者对其制作的录音录像制品，享有许可他人复制、发行、出租、通过信息网络向公众传播并获得报酬的权利；权利的保护期为五十年，截止于该制品首次制作完成后第五十年的 12 月 31 日。

被许可人复制、发行、通过信息网络向公众传播录音录像制品，应当同时取得著作权人、表演者许可，并支付报酬；被许可人出租录音录像制品，还应当取得表演者许可，并支付报酬。

第四十五条　将录音制品用于有线或者无线公开传播，或者通过传送声音的技术设备向公众公开播送的，应当向录音制作者支付报酬。

第四节　广播电台、电视台播放

第四十六条　广播电台、电视台播放他人未发表的作品，应当取得著作权人许可，并支付报酬。

广播电台、电视台播放他人已发表的作品，可以不经著作权人许可，但应当按照规定支付报酬。

第四十七条　广播电台、电视台有权禁止未经其许可的下列行为：

（一）将其播放的广播、电视以有线或者无线方式转播；

（二）将其播放的广播、电视录制以及复制；

（三）将其播放的广播、电视通过信息网络向公众传播。

广播电台、电视台行使前款规定的权利，不得影响、限制或者侵害他人行使著作权或者与著作权有关的权利。

本条第一款规定的权利的保护期为五十年，截止于该广播、电视首次播放后第五十年的 12 月 31 日。

第四十八条 电视台播放他人的视听作品、录像制品，应当取得视听作品著作权人或者录像制作者许可，并支付报酬；播放他人的录像制品，还应当取得著作权人许可，并支付报酬。

第五章　著作权和与著作权有关的权利的保护

第四十九条 为保护著作权和与著作权有关的权利，权利人可以采取技术措施。

未经权利人许可，任何组织或者个人不得故意避开或者破坏技术措施，不得以避开或者破坏技术措施为目的制造、进口或者向公众提供有关装置或者部件，不得故意为他人避开或者破坏技术措施提供技术服务。但是，法律、行政法规规定可以避开的情形除外。

本法所称的技术措施，是指用于防止、限制未经权利人许可浏览、欣赏作品、表演、录音录像制品或者通过信息网络向公众提供作品、表演、录音录像制品的有效技术、装置或者部件。

第五十条 下列情形可以避开技术措施，但不得向他人提供避开技术措施的技术、装置或者部件，不得侵犯权利人依法享有的其他权利：

（一）为学校课堂教学或者科学研究，提供少量已经发表的作品，供教学或者科研人员使用，而该作品无法通过正常途径获取；

（二）不以营利为目的，以阅读障碍者能够感知的无障碍方式向其提供已经发表的作品，而该作品无法通过正常途径获取；

（三）国家机关依照行政、监察、司法程序执行公务；

（四）对计算机及其系统或者网络的安全性能进行测试；

（五）进行加密研究或者计算机软件反向工程研究。

前款规定适用于对与著作权有关的权利的限制。

第五十一条 未经权利人许可，不得进行下列行为：

（一）故意删除或者改变作品、版式设计、表演、录音录像制品或者广播、电视上的权利管理信息，但由于技术上的原因无法避免的除外；

（二）知道或者应当知道作品、版式设计、表演、录音录像制品或者广播、电视上的权利管理信息未经许可被删除或者改变，仍然向公众提供。

第五十二条 有下列侵权行为的，应当根据情况，承担停止侵害、消除影响、赔礼道歉、赔偿损失等民事责任：

（一）未经著作权人许可，发表其作品的；

（二）未经合作作者许可，将与他人合作创作的作品当作自己单独创作的作品发表的；

（三）没有参加创作，为谋取个人名利，在他人作品上署名的；

（四）歪曲、篡改他人作品的；

（五）剽窃他人作品的；

（六）未经著作权人许可，以展览、摄制视听作品的方法使用作品，或者以改编、翻译、注释等方式使用作品的，本法另有规定的除外；

（七）使用他人作品，应当支付报酬而未支付的；

（八）未经视听作品、计算机软件、录音录像制品的著作权人、表演者或者录音录像制作者许可，出租其作品或者录音录像制品的原件或者复制件的，本法另有规定的除外；

（九）未经出版者许可，使用其出版的图书、期刊的版式设计的；

（十）未经表演者许可，从现场直播或者公开传送其现场表演，或者录制其表演的；

（十一）其他侵犯著作权以及与著作权有关的权利的行为。

第五十三条 有下列侵权行为的，应当根据情况，承担本法第五十二条规定的民事责任；侵权行为同时损害公共利益的，由主管著作权的部门责令停止侵权行为，予以警告，没收违法所得，没收、无害化销毁处理侵权复制品以及主要用于制作侵权复制品的材料、工具、设备等，违法经营额五万元以上的，可以并处违法经营额一倍以上五倍以下的罚款；没有违法经营额、违法经营额难以计算或者不足五万元的，可以并处二十五万元以下的罚款；构成犯罪的，依法追究刑事责任：

（一）未经著作权人许可，复制、发行、表演、放映、广播、汇编、通过信息网络向公众传播其作品的，本法另有规定的除外；

（二）出版他人享有专有出版权的图书的；

（三）未经表演者许可，复制、发行录有其表演的录音录像制品，或者通过信息网络向公众传播其表演的，本法另有规定的除外；

（四）未经录音录像制作者许可，复制、发行、通过信息网络向公众传播其制作的录音录像制品的，本法另有规定的除外；

（五）未经许可，播放、复制或者通过信息网络向公众传播广播、电视的，本法另有规定的除外；

（六）未经著作权人或者与著作权有关的权利人许

可，故意避开或者破坏技术措施的，故意制造、进口或者向他人提供主要用于避开、破坏技术措施的装置或者部件的，或者故意为他人避开或者破坏技术措施提供技术服务的，法律、行政法规另有规定的除外；

（七）未经著作权人或者与著作权有关的权利人许可，故意删除或者改变作品、版式设计、表演、录音录像制品或者广播、电视上的权利管理信息的，知道或者应当知道作品、版式设计、表演、录音录像制品或者广播、电视上的权利管理信息未经许可被删除或者改变，仍然向公众提供的，法律、行政法规另有规定的除外；

（八）制作、出售假冒他人署名的作品的。

第五十四条 侵犯著作权或者与著作权有关的权利的，侵权人应当按照权利人因此受到的实际损失或者侵权人的违法所得给予赔偿；权利人的实际损失或者侵权人的违法所得难以计算的，可以参照该权利使用费给予赔偿。对故意侵犯著作权或者与著作权有关的权利，情节严重的，可以在按照上述方法确定数额的一倍以上五倍以下给予赔偿。

权利人的实际损失、侵权人的违法所得、权利使用费难以计算的，由人民法院根据侵权行为的情节，判决给予五百元以上五百万元以下的赔偿。

赔偿数额还应当包括权利人为制止侵权行为所支付的合理开支。

人民法院为确定赔偿数额，在权利人已经尽了必要举证责任，而与侵权行为相关的账簿、资料等主要由侵权人掌握的，可以责令侵权人提供与侵权行为相关的账簿、资料等；侵权人不提供，或者提供虚假的账簿、资料等的，人民法院可以参考权利人的主张和提供的证据确定赔偿数额。

人民法院审理著作权纠纷案件，应权利人请求，对侵权复制品，除特殊情况外，责令销毁；对主要用于制造侵权复制品的材料、工具、设备等，责令销毁，且不予补偿；或者在特殊情况下，责令禁止前述材料、工具、设备等进入商业渠道，且不予补偿。

第五十五条 主管著作权的部门对涉嫌侵犯著作权和与著作权有关的权利的行为进行查处时，可以询问有关当事人，调查与涉嫌违法行为有关的情况；对当事人涉嫌违法行为的场所和物品实施现场检查；查阅、复制与涉嫌违法行为有关的合同、发票、账簿以及其他有关资料；对于涉嫌违法行为的场所和物品，可以查封或者扣押。

主管著作权的部门依法行使前款规定的职权时，当事人应当予以协助、配合，不得拒绝、阻挠。

第五十六条 著作权人或者与著作权有关的权利人有证据证明他人正在实施或者即将实施侵犯其权利、妨碍其实现权利的行为，如不及时制止将会使其合法权益受到难以弥补的损害的，可以在起诉前依法向人民法院申请采取财产保全、责令作出一定行为或者禁止作出一定行为等措施。

第五十七条 为制止侵权行为，在证据可能灭失或者以后难以取得的情况下，著作权人或者与著作权有关的权利人可以在起诉前依法向人民法院申请保全证据。

第五十八条 人民法院审理案件，对于侵犯著作权或者与著作权有关的权利的，可以没收违法所得、侵权复制品以及进行违法活动的财物。

第五十九条 复制品的出版者、制作者不能证明其出版、制作有合法授权的，复制品的发行者或者视听作品、计算机软件、录音录像制品的复制品的出租者不能证明其发行、出租的复制品有合法来源的，应当承担法律责任。

在诉讼程序中，被诉侵权人主张其不承担侵权责任的，应当提供证据证明已经取得权利人的许可，或者具有本法规定的不经权利人许可而可以使用的情形。

第六十条 著作权纠纷可以调解，也可以根据当事人达成的书面仲裁协议或者著作权合同中的仲裁条款，向仲裁机构申请仲裁。

当事人没有书面仲裁协议，也没有在著作权合同中订立仲裁条款的，可以直接向人民法院起诉。

第六十一条 当事人因不履行合同义务或者履行合同义务不符合约定而承担民事责任，以及当事人行使诉讼权利、申请保全等，适用有关法律的规定。

第六章　附　　则

第六十二条　本法所称的著作权即版权。

第六十三条　本法第二条所称的出版，指作品的复制、发行。

第六十四条　计算机软件、信息网络传播权的保护办法由国务院另行规定。

第六十五条　摄影作品，其发表权、本法第十条第一款第五项至第十七项规定的权利的保护期在2021年6月1日前已经届满，但依据本法第二十三条第一款的规定仍在保护期内的，不再保护。

第六十六条　本法规定的著作权人和出版者、表演者、录音录像制作者、广播电台、电视台的权利，在本法施行之日尚未超过本法规定的保护期的，依照本法予以保护。

本法施行前发生的侵权或者违约行为，依照侵权或者违约行为发生时的有关规定处理。

第六十七条　本法自1991年6月1日起施行。

关于《中华人民共和国著作权法修正案(草案)》的说明

——2020年4月26日在第十三届全国人民代表大会常务委员会第十七次会议上

司法部党组书记、副部长 袁曙宏

委员长、各位副委员长、秘书长、各位委员：

我受国务院委托，现对《中华人民共和国著作权法修正案（草案）》作说明。

一、修改的必要性

加强知识产权保护是推动科技创新和文化繁荣发展的重要举措。党中央、国务院始终高度重视知识产权保护。习近平总书记指出，"要加大知识产权保护力度，提高侵权代价和违法成本，震慑违法侵权行为"，"要完善知识产权保护相关法律法规"。李克强总理强调，

"知识产权是发展的重要资源和竞争力的核心要素"，"要强化知识产权保护，鼓励创新创造"。

著作权是知识产权的重要组成部分。现行著作权法规定了我国著作权保护领域的基本制度，于1991年施行，经2001年、2010年两次修改，对鼓励作品的创作和传播，保护创作者、传播者、使用者等的合法权益，促进我国文化和科学事业的发展与繁荣，发挥了重要作用。近年来，随着我国经济社会发展，著作权保护领域出现了一些新情况、新问题，亟待通过修改完善著作权法予以解决：一是随着以网络化、数字化等为代表的新技术的高速发展和应用，一些现有规定已经无法适应实践需要。二是著作权维权成本高、侵权赔偿数额低，执法手段不足，著作权侵权行为难以得到有效遏制，权利保护的实际效果与权利人的期待还有一定差距。三是现行著作权法部分规定有必要与我国近年来加入的国际条约以及出台的民法总则等法律进一步做好衔接。

二、修改工作过程

2012年12月，国家版权局报请国务院审议《中华人民共和国著作权法（修订草案送审稿）》。收到此件后，原国务院法制办立即送有关中央国家机关、部分地方政府、企事业单位和专家学者等征求意见，并通过互联网向社会公开征求意见。由于各方面对送审稿许多内容存在较大争议，2017年12月，国家版权局对送审稿进行了修改，形成送审稿修改稿重新报请审查。原国务院法制办会同国家版权局对送审稿修改稿作了修改。党和国家机构改革后，重新组建的司法部又会同中央宣传部进一步修改，形成了《中华人民共和国著作权法修正案（草案）》（以下简称修正案草案）。目前，修正案草案已经国务院同意。

三、修改的主要内容

（一）根据实践发展需要修改有关概念表述和新增制度措施。

为了适应新技术高速发展和应用对著作权立法提出的新要求，解决现行著作权法部分规定难以涵盖新事物、无法适应新形势等问题，修正案草案作出以下规定：一是将"电影作品和以类似摄制电影的方法创作的作品"修改为"视听作品"。二是增加作品登记制度，方便公众了解作品权利归属情况。三是修改广播权有关表述，以适应网络同步转播使用作品等新技术发展的要求。四是明确广播电台电视台作为邻接权人时，权利客体是其播放的"载有节目的信号"，对其播放的"载有节目的信号"享有信息网络传播权。五是增加有关技术措施和权利管理信息的规定，以解决技术措施和权利管理信息线上线下一体保护的问题。

（二）加大著作权执法力度和对侵权行为的处罚力度。

根据党中央、国务院相关决策部署，落实2017年全国人大常委会著作权法执法检查报告及审议意见提出的要求，为解决著作权维权难，主管部门执法手段偏少、偏软，对侵权行为处罚偏轻的问题，修正案草案作了以下规定：一是对于侵权行为情节严重的，可以适用赔偿数额一倍以上五倍以下的惩罚性赔偿。二是将法定赔偿额上限由五十万元提高到五百万元。三是增加权利许可使用费的倍数作为赔偿金额的计算参照，增加责令侵权人提供与侵权有关的账簿、资料制度。四是增加著作权主管部门询问当事人、调查违法行为、现场检查，查阅、复制有关资料以及查封、扣押有关场所和物品等职权。五是增加滥用著作权或者与著作权有关的权利、扰乱传播秩序的行为的法律责任，进一步明确侵犯著作权损害公共利益行为的法律责任。

（三）加强与其他法律的衔接，落实我国近年来加入的有关国际条约义务。

为了与民法总则、合同法、民事诉讼法等其他法律保持一致，修正案草案作了以下规定：一是将"公民"修改为"自然人"，将"其他组织"修改为"非法人组织"。二是删去违约责任、诉讼权利和保全等条款，增加"当事人因不履行合同义务或者履行合同义务不符合约定而承担民事责任，以及当事人行使诉讼权利、申请保全等，适用有关法律的规定"的衔接性条款。

为了将我国近年来加入的有关国际条约的要求落到实处，回应国际关切，修正案草案作了以下规定：一是明确出租权的对象是视听作品、计算机软件的原件或者复制件。二是延长摄影作品的保护期。三是在有关合理使用的条款中规定"不得影响该作品的正常使用，也不得不合理地损害著作权人的合法权益"等内容，将盲人的合理使用扩大到阅读障碍者。四是增加表演者许可他人出租录有其表演的录音录像制品并获得报酬的权利。五是增加录音制作者广播获酬权和机械表演权。

此外，对修正案草案作了一些必要的文字修改和条款顺序调整。

修正案草案和以上说明是否妥当，请审议。

全国人民代表大会宪法和法律委员会关于《中华人民共和国著作权法修正案(草案)》修改情况的汇报

全国人民代表大会常务委员会：

  常委会第十七次会议对著作权法修正案草案进行了初次审议。会后，法制工作委员会将草案印发地方人大、中央有关部门、法学教学研究机构和有关社会团体征求意见，并在中国人大网全文公布草案征求社会公众意见。宪法和法律委员会、教育科学文化卫生委员会、法制工作委员会联合召开座谈会，听取中央有关部门、有关协会、企业和专家对草案的意见。法制工作委员会还就草案主要问题同有关方面交换意见，共同研究。宪法和法律委员会于7月14日召开会议，根据常委会组成人员的审议意见和各方面意见，对草案进行了逐条审议。中央宣传部、教育科学文化卫生委员会、司法部的有关负责同志列席了会议。7月30日，宪法和法律委员会召开会议，再次进行审议。现将著作权法修正案（草案）主要问题的修改情况汇报如下：

一、草案第二条第一款规定了本法所称的作品，是指文学、艺术和科学领域内具有独创性并能以某种有形形式复制的智力成果，并列举了作品的具体类型。有的常委委员提出，修改后的作品定义限定在"文学、艺术和科学领域"难以涵盖技术类作品。有的常委委员和专家、地方、单位提出，口述作品等作品不一定需要以有形形式复制，建议修改。有的常委委员和部门、单位、社会公众提出，随着文学艺术产业的不断繁荣和科学技术的快速发展，法律、行政法规还未规定的新的作品类型将不断出现，立法应当为将来可能出现的新的作品类型留出空间。宪法和法律委员会经研究，建议采纳上述意见，对作品的定义和类型作以下修改：一是将"文学、艺术和科学领域"修改为"文学、艺术和科学等领域"；二是将"并能以某种有形形式复制"修改为"并能以一定形式表现"；三是将第九项"法律、行政法规规定的其他作品"修改为"符合作品特征的其他智力成果"。

二、草案第三条规定了著作权人和与著作权有关的权利人行使权利，不得滥用权利影响作品的正常传播；第二十四条规定了滥用著作权或者与著作权有关的权利的法律责任。有的常委委员和一些地方、部门、单位、专家和社会公众提出,当前,著作权领域的主要问题是对著作权的保护不足,这次修改应坚持加强著作权保护的立法导向,对滥用著作权的行为可以通过民法典、反垄断法等法律的规定进行规范;此外,"不得滥用权利影响作品的正常传播"的表述过于宽泛,不利于实践中操作执行,建议删去这一表述以及相关法律责任的规定。宪法和法律委员会经研究,建议采纳这一意见。同时为了更好地平衡保护著作权与公共利益,拟适度扩大法定的不经著作权人许可且不向其支付报酬而合理使用有关作品的范围,在草案关于著作权合理使用的情形中,增加一项兜底规定:"(十三)法律、行政法规规定的其他情形"。

三、草案第五条规定,以著作权出质的,由出质人和质权人向国家著作权主管部门办理出质登记。有的地方、专家和社会公众提出,著作权中的人身权不能出质,财产权才可以出质,建议予以明确。有的部门和专家提出,民法典物权编已删除了关于著作权等知识产权出质的登记机关的规定,建议本条与民法典的规定相衔接。宪法和法律委员会经研究,建议采纳上述意见,将上述规定修改为:"以著作权中的财产权出质的,由出质人和质权人依法办理出质登记。"

四、草案第六条第二款规定,著作权集体管理组织根据授权向使用者收取使用费。使用费收取标准由著作权集体管理组织和使用者代表协商确定，协商不成的，可以向国家著作权主管部门申请裁决或者向人民法院提起诉讼。有的地方、部门、单位和社会公众建议，进一步明确行政裁决与诉讼的关系，明确当事人对行政裁决不服的，可以向人民法院起诉。宪法和法律委员会经研究，建议采纳上述意见，将上述相关规定修改为：使用费收取标准协商不成的，可以向国家著作权主管部门申请裁决，对裁决不服的，可以向人民法院提起诉讼；当事人也可以直接向人民法院提起诉讼。

五、草案第十条规定，视听作品的著作权由组织制作并承担责任的视听作品制作者享有，但编剧、导演、摄影、作词、作曲等作者享有署名权，并有权按照与视听作品制作者签订的合同获得报酬。有些地方、单位、专家和社会公众提出，草案将"电影作品和以类似摄制电影的方法创作的作品"修改为"视听作品"，扩大了此类作品范围，将电影、电视剧作品与其他视听作品的著作权归属作统一规定不妥，建议对视听作品进行区分，对各自的著作权归属作相应的规定。宪法和法律委员会经研究，建议作以下修改，原草案的著作权归属原则适用于"电影作品、电视剧作品"，另增加规定，其他视听作品"构成合作作品或者职务作品的，著作权的归属依照本法有关规定确定；不构成合作作品或者职务作品的，著作权的归属由制作者和作者约定，没有约定或者约定不明确的，由制作者享有，但作者享有署名权和获得报酬的权利。制作者使用本款规定的视听作品超出合同约定的范围或者行业惯例的，应当取得作者许可。"

六、现行著作权法第四章的章名为"出版、表演、录音录像、播放"。有的部门、专家和社会公众建议将这一章名修改为"与著作权有关的权利"，以体现这四项权利作为著作权邻接权的性质，也能与本法第一章的相关条文表述相衔接。宪法和法律委员会经研究，建议采纳上述意见，将该章的章名修改为"与著作权有关的权利"。

七、草案第十七条第一款规定，对于职务表演，演员享有表明身份的权利，其他权利归属由当事人约定。有的地方和单位提出，保护表演形象不受歪曲是演员一项重要的著作人身权，在职务表演中也应当由演员享有，应当受到法律保护。宪法和法律委员会经研究，建议采纳上述意见，增加规定，进行职务表演的演员享有"保护表演形象不受歪曲"的权利。

八、草案第十九条规定，广播电台、电视台对其播放的载有节目的信号享有许可他人转播、许可他人录制以及复制、许可他人通过信息网络向公众传播的权利。一些地方、部门、单位、专家和社会公众提出，信号是通讯技术概念，而广播组织权的客体应为广播、电视节目；另外，将广播组织权规定为广播电台、电视台的"许可权"，实践中容易与著作权人、表演者、录音录像制作者等权利人享有的信息网络传播权等产生混淆或者冲突，建议将广播组织权恢复为现行著作权法规定的"禁止权"。宪法和法律委员会经研究，建议采纳上述意见，将上述规定修改为：广播电台、电视台有权禁止未经其许可的下列行为：（一）将其播放的广播、电视以有线或者无线方式转播；（二）将其播放的广播、电视录制以及复制；（三）将其播放的广播、电视通过信息网络向公众传播。相应地，将第二款中的"信号"恢复为现行著作权法规定的"广播、电视"。

九、草案第二十九条删去现行著作权法第五十条、第五十一条关于诉前责令停止侵权行为、财产保全和证据保全的规定。有的常委委员和社会公众提出，现行著作权法的这两条规定对于及时制止侵害著作权行为、保存重要证据等都具有重要意义，建议恢复并做好与民事诉讼法的衔接。同时，为了更好地保护当事人的合法权益，建议增加规定，对于他人实施的妨碍著作权人以及与著作权有关的权利人实现权利的行为，权利人可以在起诉前申请采取保全措施。宪法和法律委员会经研究，建议采纳这一意见，增加两条规定：一是规定"著作权人或者与著作权有关的权利人有证据证明他人正在实施或者即将实施侵犯其权利、妨碍其实现权利的行为，如不及时制止将会使其合法权益受到难以弥补的损害的，可以在起诉前依法向人民法院申请采取财产保全、责令作出一定行为或者禁止作出一定行为等措施"。二是规定"为制止侵权行为,在证据可能灭失或者以后难以取得的情况下,著作权人或者与著作权有关的权利人可以在起诉前依法向人民法院申请保全证据"。

此外,还对草案作了一些文字修改。

修正案草案二次审议稿已按上述意见作了修改,宪法和法律委员会建议提请本次常委会会议继续审议。

修正案草案二次审议稿和以上汇报是否妥当,请审议。

全国人民代表大会宪法和法律委员会
2020年8月8日

全国人民代表大会宪法和法律委员会关于《中华人民共和国著作权法修正案(草案)》审议结果的报告

全国人民代表大会常务委员会：

  常委会第二十一次会议对著作权法修正案草案进行了二次审议。会后，法制工作委员会在中国人大网全文公布草案二次审议稿征求社会公众意见，并召开座谈会，听取中央有关部门、有关协会、企业和专家对草案的意见。法制工作委员会还到北京等地进行调研，并就草案主要问题同有关方面交换意见，共同研究。宪法和法律委员会于10月27日召开会议，根据常委会组成人员的审议意见和各方面意见，对草案进行了逐条审议。中央宣传部、教育科学文化卫生委员会、司法部的有关负责同志列席了会议。11月3日，宪法和法律委员会召开会议，再次进行了审议。宪法和法律委员会认为，为保护文学、艺术和科学作品作者的著作权，以及与著作权有关的权益，鼓励作品的创作和传播，促进社会主义文化和科学事业的发展与繁荣，对著作权法进行修改是必要的，草案经过两次审议修改，已经比较成熟。同时，提出以下主要修改意见：

一、草案二次审议稿第十一条第二款规定，电影作品、电视剧作品以外的视听作品，构成合作作品或者职务作品的，著作权的归属依照本法有关规定确定；不构成合作作品或者职务作品的，著作权的归属由制作者和作者约定，没有约定或者约定不明确的，由制作者享有，但作者享有署名权和获得报酬的权利。有的部门、单位、专家和社会公众提出，本款关于其他视听作品著作权归属的规定过于复杂，草案对合作作品、职务作品的著作权归属已有明确规定，视听作品构成合作作品、职务作品的，可以依法确定其著作权的归属，建议简化本款规定，以利于视听作品的利用和传播。宪法和法律委员会经研究，建议采纳上述意见，将上述规定修改为："前款规定以外的视听作品的著作权归属由当事人约定；没有约定或者约定不明确的，由制作者享有，但作者享有署名权和获得报酬的权利。"

二、现行著作权法规定，"免费表演已经发表的作品，该表演未向公众收取费用，也未向表演者支付报酬"的，可以不经著作权人许可，不向其支付报酬，但应当指明作者姓名等。有的常委委员、社会公众提出，为防止以免费表演为名通过收取广告费等方式变相达到营利目的，建议增加不以营利为目的的限制性规定。宪法和法律委员会经研究，建议采纳上述意见，将上述合理使用的情形修改为："免费表演已经发表的作品，该表演未向公众收取费用，也未向表演者支付报酬，且不以营利为目的。"

三、草案二次审议稿第二十三条规定，广播电台、电视台有权禁止未经其许可的下列行为：一是将其播放的广播、电视以有线或者无线方式转播；二是将其播放的广播、电视录制以及复制；三是将其播放的广播、电视通过信息网络向公众传播。一些协会、企业、专家和社会公众提出，广播组织权利的行使往往会涉及他人的著作权保护问题，建议明确广播电台、电视台在行使上述权利时，不得影响他人享有的著作权或者与著作权有关的权利。宪法和法律委员会经研究，建议采纳上述意见，增加一款规定："广播电台、电视台行使前款规定的权利，不得影响、限制或者侵害他人行使著作权或者与著作权有关的权利。"

四、草案二次审议稿第二十六条规定，为保护著作权和与著作权有关的权利，权利人可以采取技术措施。有的常委委员提出，技术措施是这次修改著作权法新增加的一种保护著作权的重要手段，明确其定义有利于法律的执行。宪法和法律委员会经研究，建议采纳上述意见，增加一款规定："本法所称的技术措施，是指用于防止、限制未经权利人许可浏览、欣赏作品、表演、录音录像制品或者通过信息网络向公众提供作品、表演、录音录像制品的有效技术、装置或者部件。"

五、草案二次审议稿第三十一条规定了侵犯著作权或者与著作权有关的权利的赔偿责任，其中规定权利人的实际损失、侵权人的违法所得、权利使用费难以计算的，由人民法院根据侵权行为的情节，判决给予五百万元以下的法定赔偿。有的部门提出，为了加大对侵犯著作权行为的惩治力度，建议增加法定赔偿数额下限的规定，完善司法程序中的举证规则并明确对侵权复制品及制造工具等进行销毁的措施。宪法和法律委员会经研究，建议采纳上述意见，对草案作如下修改：一是增加规定，法定赔偿数额的下限为五百元。二是增加一款规定："人民法院审理著作权纠纷案件，应权利人请求，对侵权复制品，除特殊情况外，责令销毁；对主要用于制造侵权复制品的材料、工具、设备等，责令销毁，且不予补偿；或者在特殊情况下，责令禁止前述材料、工具、设备等进入商业渠道，且不予补偿。"三是在现行著作权法第五十三条中增加一款规定："在诉讼程序中，被诉侵权人主张其不承担侵权责任的，应当提供证据证明已经取得权利人的许可，或者具有本法规定的不经权利人许可而可以使用的情形。"

此外，还对草案二次审议稿作了一些文字修改。

11月2日，法制工作委员会召开会议，邀请部分全国人大代表、著作权权利人、专家学者、地方著作权主管部门、著作权集体管理组织、相关企业等方面的代表，就草案中主要制度规范的可行性、法律出台时机、法律实施的社会效果和可能出现的问题等进行评估。普遍认为，草案贯彻落实了党中央关于加大知识产权保护力度的决策部署，围绕完善作品定义、加强网络空间著作权保护、加大侵权行为惩治力度、加强与其他法律的衔接、落实有关国际条约义务等问题，进一步完善了著作权保护制度，有利于加强著作权的保护，促进作品的传播，有利于提升著作权领域治理效能，有利于推进文化和科学事业繁荣发展，符合现阶段实际。草案结构合理，思路清晰，具有较强的针对性和可操作性，已基本成熟，应尽早出台。与会人员还对草案提出了一些具体修改意见，有的意见已经予以采纳。

宪法和法律委员会已按上述意见提出了全国人民代表大会常务委员会关于修改《中华人民共和国著作权法》的决定（草案），建议提请本次常委会会议审议通过。

修改决定草案和以上报告是否妥当，请审议。

全国人民代表大会宪法和法律委员会
2020年11月10日

全国人民代表大会宪法和法律委员会关于《全国人民代表大会常务委员会关于修改〈中华人民共和国著作权法〉的决定（草案）》修改意见的报告

全国人民代表大会常务委员会：

　　本次常委会会议于11月10日下午对关于修改著作权法的决定草案进行了分组审议，普遍认为，草案已经比较成熟，建议进一步修改后，提请本次常委会会议表决通过。同时，有些常委会组成人员还提出了一些修改意见。宪法和法律委员会于11月10日晚召开会议，逐条研究了常委会组成人员的审议意见，对草案进行了审议。中央宣传部、教育科学文化卫生委员会、司法部的有关负责同志列席了会议。宪法和法律委员会认为，草案是可行的，同时，提出以下修改意见：

一、有的常委委员提出，在涉及著作权或者与著作权有关的权利的纠纷中，著作权集体管理组织作为当事人除可以参加诉讼、仲裁活动外，还可以进行调解活动。宪法和法律委员会经研究，建议采纳这一意见，将现行著作权法第八条第一款中的"可以作为当事人进行涉及著作权或者与著作权有关的权利的诉讼、仲裁活动"一句修改为"可以作为当事人进行涉及著作权或者与著作权有关的权利的诉讼、仲裁、调解活动。"

二、草案第十六条第九款规定，"以阅读障碍者能够感知的方式向其提供已经发表的作品"的，可以不经著作权人许可，不向其支付报酬，但应当指明作者姓名等。有的常委委员提出，为了让阅读障碍者能够更方便地阅读作品，同时也与有关国际条约的表述相衔接，建议将上述规定修改为"以阅读障碍者能够感知的无障碍方式向其提供已经发表的作品"。宪法和法律委员会经研究，建议采纳这一意见。

三、有的常委委员提出，本次修改著作权法增加规定了表演者的出租权，为了更好地保护这一权利，建议对经录音录像制品制作者许可出租录音录像制品的，明确还需要取得表演者许可，并支付报酬。宪法和法律委员会经研究，建议采纳这一意见，在现行著作权法第四十二条第二款中增加规定相应内容。

经与有关方面研究，建议将本决定的施行时间确定为2021年6月1日。

此外，根据常委会组成人员的审议意见，还对修改决定草案作了个别文字修改。

修改决定草案建议表决稿已按上述意见作了修改，宪法和法律委员会建议本次常委会会议审议通过。

修改决定草案建议表决稿和以上报告是否妥当，请审议。

全国人民代表大会宪法和法律委员会
2020年11月11日